손안의 불서

③

행복과 성공을 위한 도담

경봉대선사 지음

✽ 효림

이 책은

이 시대 최고의 도인으로 추앙받고 있는

경봉鏡峰(1892~1982)스님께서

모든 이들이 추구하고 있는

행복과 성공의 원리 및 방법을

쉽고도 편안하게 설하신 법문집입니다.

잘 새겨

진솔하고 평화로운 삶을 성취하시기를.

엮은이 김현준 합장

사바를 무대 삼아

〔법좌法座에 올라 대중을 둘러보고 이르셨다〕

 우리가 살고 있는 이 세계를 불교에서는 사바세
계娑婆世界라고 한다. 인도말로 '사바sabhā'는 한문
으로 감인堪忍 또는 회잡會雜으로 풀이되는데, 지
금 우리가 살고 있는 이곳이 참지 않고서는 살아
갈 수 없는 감인세계堪忍世界, 잡된 것으로 뒤죽박
죽 얽혀 있는 회잡會雜의 세계라는 것이다.

 그러므로 어느 누구도 사바세계에 태어난 이상
에는 아무리 큰 복을 누릴지라도 잡된 일로 시달
리기 마련이요, 인내하면서 살아갈 수밖에 없다는

것을 알아야 한다.

그러나 사바세계라고 하여 괴로움과 번뇌만 가득한 것은 아니다. 오히려 이러한 세계이기 때문에 해탈解脫과 행복과 깨달음의 영역으로 보다 가까이 접근할 수 있다. 괴로움과 번뇌의 결박을 분명히 느낄 수 있는 사바세계이기 때문에, 이곳 사람들은 해탈과 행복과 깨달음을 갈구하게 되는 것이다.

모름지기 이 세계에서 고뇌하고 방황하는 이들은 사바를 활동의 무대로 삼아 삶의 활로活路를 찾아야 한다. 그래서 나는 사람들에게 늘 당부하고 있다.

"사바세계를 무대로 삼아 연극 한바탕 멋있게 잘해야 한다."

이 말속에는 깊은 뜻이 간직되어 있고 모든 법문이 남김없이 들어 있다.

한바탕의 멋진 연극.

'이렇게 사나 저렇게 사나 어차피 한세상'이라는
사실을 잘 알아서, 기왕이면 적극적인 사고방식을
갖고 '산 정신'으로 성실하게 살라는 것이다.

물론 이 삶의 연극을 멋들어지게 연출하는 것이
저절로 이루어지지는 않는다. 이를 위해 '인간 존
재의 특이성이 무엇인가?'를 분명히 알아야 할 뿐
아니라, '생生의 회계'를 잘할 줄 알아야 한다.

인간 존재의 특이성은 무엇인가?
인간은 지은 업業에 의해 현재의 몸을 받은 한
종류의 중생이다. 그러나 인간은 다른 중생들과
다르다. 그 다른 점에서부터 인간은 인간의 설 자
리를 찾아야 한다.

다른 중생과 인간은 어떻게 다른가?
우리 인간을 비롯하여 날짐승·길짐승 등의 모든

중생은 자기가 지은 업대로 살게끔 되어 있다. 그런데 짐승들은 업을 받기만 하지만, 사람은 업을 받는 것과 동시에 새롭게 개척해가는 능력이 있다.

　새는 더워도 깃털에 감싸여 살아야 하지만, 사람은 더우면 옷을 벗어버릴 수가 있다. 겨울이 되면 짐승들은 추위와 굶주림에 떨어야 하지만, 인간은 집 속에서 따뜻하게 생활할 수 있다.

　비록 인간들이 자기가 지은 잘못으로 인해 곤란을 당하고 걱정 근심 속에서 살고는 있지만, 한 생각 돌이킬 줄 아는 이 또한 인간이다.

　그러므로 지금의 고통을 자세히 관찰하면서 한 생각 돌이켜 볼 줄 알아야 한다. 마음을 비우고 한 생각을 돌이켜 지은 업을 기꺼이 받겠다고 할 때, 모든 업은 저절로 녹아내리고, 세상을 바로 볼 수 있는 눈이 열린다.

　그럼 '생生의 회계'는 어떻게 하는가? 나의 남은

인생이 얼마나 되는가를 분명히 계산해 보아야 한다.

이 세상 살다가 언제 땅 밑으로 들어가는가? 설령 구십·백 살을 산다 해도 기력 있게 사는 것은 잘해야 칠십이니, 사십을 산 사람은 '이제 삼십 년 남았구나', 오십을 산 사람은 '이제 이십 년 남았구나!' 이렇게 회계를 내야 한다.
그리고 결심하라.

'아무래도 이 몸은 죽어 땅 밑에 들어가서 썩어 없어질 운명. 이 몸을 가지고 헛되이 시간을 보내서는 안 된다. 이제부터 남을 위해 좋은 일 많이 하고, 나와 남을 함께 살리는 한바탕의 연극을 멋들어지게 하며 살리라.'

이렇게 회계를 하고 결심을 끝냈으면 멋들어지게 사는 방법을 알아야 한다.
어떻게 해야 이 사바세계를 무대로 삼고 한바탕

의 연극을 멋있게 하는 것인가? 춤추고 노래 부르고, 맛있는 음식으로 배를 채우면서 술 마시고 뛰어노는 것이 멋있게 사는 것인가?

아니다. 비극의 배역을 맡은 명배우는 마음속의 잡된 생각을 모두 비우고 눈짓 몸짓 그 마음까지도 송두리째 슬픔이 되어 연기를 한다. 그저 우는 체하는 것이 아니다. 그냥 슬픔 그 자체가 되어 눈물을 짓는다. 그렇게 되면 관객들은 따라서 눈물을 흘리고 갈채를 보낸다.

사바에 사는 우리에게도 어디에서나 어느 때에나 배역이 주어진다. 그 배역을 온몸으로 소화시킬 때 우리의 연극은 멋으로 연결된다. 이 시간과 공간 속에서 누구나 다 주연의 배역을 맡아 살고 있는 것이다. 그러나 우리의 연기는 배역을 이탈할 때가 많고, 그때마다 가슴 아프고 머리가 아프다며 아우성이다.

무엇 때문에 가슴이 아프고 머리가 아픈가? 그 까닭이 매우 복잡한 듯하지만 '사람 아니면 물질' 때문이다. 사람과 물질 때문에 가슴 아프고, 머리 아프고, 심장과 간장 등에 열이 차는 병에 걸린다. 물질에 대한 애착, 사람에 대한 지나친 갈망, 사랑과 미움 때문에 병에 걸리는 것이다.

우리가 사바세계에 나올 때 머리 아프고 가슴 아프려고 나온 것이 아니다. 빈몸 빈손으로 옷까지 훨훨 벗고 나왔는데, 사람과 물질에 대한 애착과 망상으로 모든 근심 걱정과 괴로움이 시작된다.

사람과 물질에 대한 집착을 버리고, 진실대로 자기 정성대로 노력하기만 하면 세상은 될 만큼 되는데, 진실도 정성도 모두 놓아버리고 망상이라는 도둑놈에게 붙잡혀 있으니, 어떻게 근심 걱정을 하지 않을 수가 있겠는가?

그러므로 일상생활 속의 도둑놈들과 함께 살지

말아야 한다. 탐욕과 성냄과 어리석음의 도둑놈, 팔만 사천 번뇌 망상과 분별하는 마음의 도둑놈, 이 도둑 때문에 가슴이 아프고 머리가 아파서 사바세계를 무대로 연극 한바탕 멋있게 할 수가 없다.

그러므로 주인 노릇 하고 있는 이 도둑은 쫓아내어야만 한다. 근심 걱정은 오히려 도둑을 도울 뿐이다.

기껏 살아봐야 백 년도 못 사는 인생. 인생은 연극이요 이 세상은 연극무대가 아니더냐!

기왕 이 세상에 나왔으니 근심 걱정 내려놓고 연극 한바탕 멋있게 하며 살아라. 좀 근심되고 걱정되는 일이 있더라도 다 털어버리고, 언제나 쾌활하고 낙관적인 기분으로 활기찬 생활을 해야 한다.

여태껏 생활해 온 모든 사고방식과 생활 관념에 잘못이 있으면 텅 비워버려라. 사람과 물질에 대한 집착을 버리고, 산 정신으로 활발하고 진실되게 살아가야 한다.

참 생명을 찾을 수 있는 산 정신으로 이 사바세계를 무대로 삼아 연극 한바탕 멋있게 하기 바란다.

活眼開處　　활안개처
水流花開　　수류화개
활안이 열린 곳에
물은 흐르고 꽃이 핀다

"할喝"〔하고 법좌에서 내려오시다〕

I

복된 인생

복 받는 법

[법좌에 올라 주장자로 법상을 한 번 치고 이르셨다]

『금강경』의 첫머리는 이렇게 시작된다.

"이와 같이 나는 들었다.

어느 때 부처님께서는 사위국의 기수급고독원에서 천이백오십 인의 큰 비구 제자들과 함께 계셨다.

이날도 세존께서는 공양 시간이 되자, 가사를 입으신 뒤 바루를 들고 사위성으로 가서 한집 한집 차례대로 밥을 빌어 마치시고 본처로 돌아와 공양을 하셨다. 그리고 가사와 바루를 제자리에 정돈해 놓으시고 발을 씻은 다음 자리를 펴고 앉으셨다."

『금강경』을 읽는 사람들은 이 부분을 예사로 넘기고, 깊이 생각하지를 않는다.

무엇 때문에 이 소중한 경전의 첫머리에, '가사 입고 바루 들고 밥을 빌어 잡수시고, 가사와 바루를 정돈하고, 발 씻고 자리를 펴고 앉는 것'을 묘사해 놓았는지? 그 까닭을 모른 채 넘어간다.

왜 『금강경』의 첫머리에 이 구절을 넣은 것인가?

진리가 바로 이 속에 있기 때문이다. 도가 바로 옷 입고 밥 먹고 발 씻는 데 있기 때문이다. 어찌 일상생활을 제쳐놓고 진리가 따로 있겠는가? 일상생활이 그대로 불법이고 도요 진리라는 것을 일깨워 주기 위해 경전의 첫머리에 이 구절을 넣은 것이다.

불법이 어디에 있는가?

도와 진리가 어디에 있는가?

눈이 서로 마주치는 곳에 도가 있고, 소리 한 번 지르는 가운데에 도가 있고, 밥 짓고 옷 만들고 농

사짓고 장사를 하는 가운데 도가 있고, 옷 입고 밥 먹고 대소변 보는 가운데 도가 있다.

도를 모르니까 따로 도를 찾지, 실은 삶 가운데 도가 있는 것이다.

우리가 그토록 좋아하는 행복도 마찬가지이다. 행복은 특별한 곳에 있는 것이 아니라 어디에나 있다. 일상생활 속에, 밥 먹고 옷 입고 대소변 보는 그 속에 복이 깃들어 있다. 밥하고 일하고 공부하고 살아가는 그 속에 행복이 있는 것이다.

그런데 왜 '나'는 그 복을 보지도 느끼지도 누리지도 못하면서 사는 것인가?

바로 탐貪·진瞋·치癡 삼독三毒, 탐욕과 성냄과 어리석음이라는 세 가지 독 기운으로 내 눈 앞을 가리고, 바르지 못한 생각으로 내 속을 채우고 있기 때문에 복을 보지도 느끼지도 누리지도 못하는 것이다.

그리고는 오히려 나만 불행하고 나만 힘들게 사는 듯이 번민하고 우울하게 살아간다.

만약 일상생활에서 복을 느끼며 살고 복을 누리며 살고자 하면, 무엇보다도 바르게 살아야 한다. '바를 정正' 자로 살아야 한다는 말이다.

가만히 사람의 얼굴을 관찰해보아라.

사람의 두 눈은 옆으로 길게 이어져 있고, 코는 아래로 쭉 뻗어 있으며, 코 양쪽으로는 두 귀가 반듯하게 붙어 있다. 그리고 코 밑의 입은 '한 일一' 자를 이루고 있다. 곧 얼굴에 '바를 正' 자가 쓰여 있는 것이다.

과연 얼굴에 '바를 正' 자가 쓰여 있는 까닭이 무엇인가? '바르게 살라'고 눈·코·귀·입이 바를 정 자를 이루고 있는 것이다.

그러므로 인간은 바르게 살아야 한다. 바르지

않으면 행복이 깃들지도 않고 행복할 수도 없다. 아무리 힘들고 어려운 처지에 빠져 있다 할지라도, 탐·진·치 삼독을 좇아서 그릇된 길로 빠져들거나 나쁜 짓을 하여서는 아니 된다.

아주 견디기 힘든 역경 속에 있을지라도, 바르게 생각하고 바르게 살고자 노력할 때에 불행이 물러나고, 그 자리에 행복이 깃들게 되는 것이다.

✿

조선 후기의 선비인 정원용鄭元容(1783~1873)은 양반집에서 태어나 어린 나이에 결혼을 하였는데, 부모님을 일찍 여의게 되었다.

그는 과거를 보기 위해 열심히 글을 읽었다. 장사도 하지 않고 농사도 짓지 않고 글만 읽다 보니, 물려받은 재산은 물론이요 팔 수 있는 가재도구까지 모두 처분하지 않을 수 없었다.

나이 20세 때 이미 끼니를 이을 수 없을 정도로 궁색하였는데, 하루는 글을 읽다가 어찌나 배가 고프

던지, 아내에게 먹을 것이 없는지를 물으려고 안방 문을 열고 들어섰다. 그런데 아내가 무엇인가를 먹다가 무릎 밑으로 황급히 감추는 것이 아닌가.

'아무리 배가 고파도 나누어 먹어야지. 혼자 먹다가 감추다니? 이럴 수가 있나!'

잔뜩 속이 뒤틀린 정원용은 뒤돌아서서 나오다가 다시 안방으로 들어가 아내를 나무랐다.

"여보, 도대체 무엇을 먹었길래 무릎 밑으로 감추었소? 당신이 어찌 그럴 수가 있소?"

아내는 나무라는 남편을 한참 동안 물끄러미 쳐다보다가 눈물을 글썽이며 말하였다.

"요즘 들어 나에게 무엇을 주셨나요? 돈을 주셨나요? 쌀을 주셨나요? 아무것도 주지 않았으면서 무엇을 먹는다고 그리도 야단입니까?

사방을 둘러봐도 먹을 것은 없고 어찌나 배가 고프던지, 녹두 가루로 만든 비누가 그릇에 조금 붙어 있기에 그것도 곡식이라고 빨고 있었습니다. 그때 당신이 들어왔고, 당신이 민망해할까 봐 무릎 밑에 감추었습니다. 자, 이것이니 빨아 봐요. 먹을 게 있는 지?"

말을 듣는 순간 자신의 배고픈 생각은 어디론가 달아나버렸고, 가슴이 터질 듯이 쓰리고 아파 왔다.

'얼마나 배가 고팠으면 그것도 곡식이라고 빨았을 까? 남의 집안 귀한 딸을 데려다가 저리도 배를 주리 게 하였다니! 나는 사람도 아니다…. 아내가 굶주리 지 않게 무엇을 해야 하나? 어찌해야 되지?'

곰곰이 생각을 해보았지만, 땅이 없으니 농사를 지 을 수가 있나, 돈이 없으니 장사를 할 수가 있나. 그 러다가 마지막에 작정한 것이 도둑질이었다.

그러나 막상 하려고 작정한 도둑질조차 어떻게 해 야 하는지가 떠오르지 않았다. 담장이 높은 집에는 들어갈 수 없으니, 울타리도 담도 없는 집에 무작정 들어가 도둑질을 하리라 마음먹었다.

그날 밤 정원용은 동네를 돌아다니기 시작했다. 양반들이 사는 동네라, 대부분 담장들이 높아 어찌 해 볼 도리가 없었는데, 한참을 다니다 보니 울타리도 담장도 없는 집이 하나 보였다. 몰래 들어가 보니 뒷마루에 자루가 하나 보였고, 손으로 만져보니 나락[벼]이 한 말쯤 들어 있는 것 같았다.

"옳다. 이것이면 됐다."

정원용이 그 나락 자루를 어깨에 메고 황급히 집으로 돌아와서 자루를 막 내려놓으려는데, 한 생각이 뇌리를 치는 것이었다.

'울타리도 담도 없는 그 집도 먹을 것이 없어 이 나락을 구해 놓았을 터인데 내가 훔쳐 왔으니…. 그럼 그 사람들은 무엇을 먹나? 굶어 죽으면 죽었지, 이런 짓은 절대로 하면 안 된다.'

본래의 마음자리로 돌아온 정원용은 나락 자루를 다시 그 집에 갖다 놓고 집으로 돌아왔다.

'도둑질을 하려고 해도 생각이 용납을 하지 않는구나. 이제 정말 어떻게 해야 하나? 나도 나지만, 저 불쌍한 아내는 어떻게 하나?'

잠을 이루지 못한 채 깊은 근심에 잠겨 있는데, 홀연히 허공에서 소리가 들려왔다.

"정원용아, 이제 복 받아라!"

꿈도 아닌데, 그 소리는 너무나 또렷하게 들렸다. 그렇지만 좋은 일이 생겨날 건더기가 도무지 떠오르지 않았다. 그런데 이튿날이 되자 동네 사람들이 모여 의논을 시작한 것이다.

"정원용 내외를 저대로 놔두면 틀림없이 굶어 죽을 것이다. 우리들이 힘을 모아 도와주자."

그리고는 양식도 갖다주고 옷도 갖다주어서 굶는 것을 면하게 되었다. 그리고 그해에 과거에 합격하여, 약관 20세의 나이로 벼슬길에 올랐다.

늘 바른 생각으로 검소하게 살았고 청렴결백하게 관직 생활을 한 정원용은, 차츰 벼슬이 높아져서 나이 56세에 영의정이 되었다. 그 뒤 20여 년 동안 최고의 관직에 있다가 91세의 나이로 세상을 떠났는데, 아들과 손자들도 정승과 판사를 지내는 등 집안의 경사가 그칠 날이 없었다고 한다.

§

내 처지가 워낙 급박해지면 '나락 한 말 정도인

데…' 할 수도 있다. '다음에 잘 되면 갚지. 미안하
다' 하는 것이 답답한 사람의 마음이다. 그러나 정
원용은 문득 깨달았다.

'굶어 죽을지언정, 내가 어렵다고 해서 남을 힘들
게 하면 안 된다. 바르게 살아야 한다'.

이렇게 마음을 바꾸어 곡식 자루를 돌려주자 그
때부터 복을 받기 시작했다. 바른 한 생각, 생각
한번 잘 돌이키자 천지가 감동하여 복을 준 것이
다.

한 생각을 바르게 돌이키면 천지신명과 모든 불
보살님이 다 알아서 가피를 베푸신다.

그러므로 바르게 살아야 한다. '바를 正' 얼굴을
가진 인간답게 바르게 살아야 한다. 바르게 살면
불보살이 인정하고 천지가 감동하여, 복을 받지
않을 수 없는 것이다.

나아가 '바를 正' 자를 품고 살면서 선행을 많이
하고 복을 지으면, 반드시 소원을 성취할 수 있게

되고 많은 복을 누릴 수 있게끔 되어 있다.

 내가 복을 지어 놓으면 누가 받는가? 내가 받는
다. 은행에 예금을 해놓으면 예금한 이 외의 다른
사람이 찾을 수 없는 것과 같이, 내가 지은 복은
내가 받지 다른 데로 가는 법이 없다.
 절대로 이를 잊지 말기 바란다.

복 짓는 법

이제 복을 짓는 방법에 대해 이야기해 보자.

사람이면 누구나 좋은 일을 하고 복을 지으며 살기를 바란다. 누구나 향상向上을 하는 것이 본래부터 가지고 있는 바탕이기 때문이다. 그런데 이기심과 자기중심적인 생각 때문에 좋은 일이나 복을 짓지 못하고 사는 것이다.

모름지기 지금 이 생에서도 잘 살고, 죽어 저승의 염라대왕 앞에서도 큰소리를 치려면 복을 많이 지어야 한다.

그런데 복이라는 것은 내가 노력하고 행하고 닦아서 얻는 것이지, 하늘에서 뚝 떨어지거나 복을 파는 사람이 있어 한 덩어리의 복을 집어서 주는 것이 아니다. 남을 위해 수고스러운 일을 많이 하고 남을 돕는 일을 많이 하면 복이 자꾸자꾸 쌓이게 된다.

불교에서는 복을 짓는 방법으로 팔복전八福田 이야기를 많이 한다.

① 불·법·승을 잘 받드는 삼보공경三寶恭敬
② 부모에게 효도하는 효양부모孝養父母
③ 병든 사람을 잘 돌보는 급사병인給事病人
④ 빈궁한 사람을 도와주는 구제빈궁救濟貧窮
⑤ 우물을 파서 물을 공급하는 광로의정廣路義井
⑥ 개울에 다리를 놓는 건조교량建造橋梁
⑦ 험한 길을 고르게 닦는 치평험로治平險路
⑧ 법회를 열어 법문을 듣게 하는 무차법회無遮法會

이들 가운데 ⑤에서 ⑦까지의 '우물을 만들고 다리를 놓고 길을 닦는 일'은 현대사회의 경우 나라나 지방관청에서 행할 일이요, 개인의 차원에서 할 수 있는 일이 아니다. 그리고 ⑧ 무차법회를 여는 것도 개인적으로 하기에는 쉬운 일이 아니다. 그러므로 이 넷을 뺀 앞의 네 가지에 대해 함께 살펴보도록 하자.

공경삼보와 효행부모

불법승 삼보에 대해 공경해야 한다는 것으로, 불자라면 당연히 삼보에 귀의하고 매일 삼보에 예경을 하여야 한다.

사찰에서 아침저녁으로 올리는 예불은 바로 삼보에 대한 공경 의식이다. 모름지기 불자라면 매일 예불을 올리며 삼보에 대해 '지심귀명례至心歸命禮'를 하여야 한다.

나아가 '부처님 잘 모시고 삼보를 잘 받들며 살겠다'는 다짐을 하면서 살면, 마음에 늘 지혜의 광명이 깃들어 복을 받게 되는 것이다.

정성을 다하는 지극한 마음.

❀

누구나가 잘 알고 있는 조선 시대의 대표적인 암행
어사 박문수朴文秀(1691~1756)의 집안은 대대로 높은
벼슬을 한 이름있는 가문이었다. 그러나 박문수의
부모는 늦도록 자식을 두지 못해 애를 태우고 있었
다. 하루는 부부가 머리를 맞대고 상의를 했다.

"우리가 자식을 보지 못하는 것은 아무래도 전생
에 닦은 복이 없어서인 듯합니다. 오늘부터라도 정성
을 다하면 틀림없이 좋은 과보가 있을 것이오."

부부는 세상에서 가장 크게 복을 짓는 일이 삼보
에 대한 공양이라 생각하고, 닷새에 한 번씩 돌아오
는 장날마다 시장에 나타나는 스님 한 분을 모셔와
대접을 하기로 했다. 그리고 오직 자식 하나를 얻겠
다는 일념으로 5일에 한 번씩 스님을 모셔 와서 성
심성의껏 공양을 올렸다.

그렇게 하기를 만 3년이 되던 날, 하인이 시장으로

스님을 청하러 갔으나 그날따라 스님이 한 분도 보이지 않았다. 날이 저물도록 기다리니 얼굴이 부어터지고 손과 발에서 고름과 피가 흐르는, 그야말로 문둥병에 걸린 스님이 나타났다.

데리고 갈까 말까 망설이다가 다른 스님이 없었으므로 하는 수 없이 모시고 가서, 대문 밖에 기다리게 하고 주인에게 사정을 아뢰었다. 그런데 주인은 흔쾌히 명하는 것이었다.

"빨리 스님을 사랑채로 모셔 오너라."

스님이 사랑채로 들어가는데 발에서 피고름이 흘러내려 마루와 방바닥을 더럽혀 놓았다. 하지만 그들 부부는 조금도 불쾌하게 여기지 않고 기꺼이 음식을 바쳐 공양케 하였다. 음식을 먹는데 피고름이 수저에 묻고 음식에도 흘러 보기 흉한 지경이었지만, 그들 부부는 조금도 싫어하는 마음을 갖지 않았다.

문둥이 스님이 공양을 마치고 일어나자 주인은 대문 밖까지 배웅하면서 말하였다.

"다른 곳에 가셔서는 우리 집 사랑에서 공양을 대

접받았다는 이야기를 하지 마십시오."

"당신도 다른 곳에 가서 문수보살을 친견하고 공양을 올렸다는 말을 하지 마시오."

문둥이 스님은 이 말을 남기고 홀연히 사라졌다. 그로부터 얼마 후 부인이 잉태하여 마침내 아들을 낳았고, 문수보살文殊菩薩을 친견하고 낳은 아이라 하여 '문수'라 이름 지었으나, 성인의 이름을 그대로 쓸 수가 없어 뒷글자를 '빼어날 수秀' 자로 하였다.

§

박문수 부모의 지극하고 한결같은 마음, 정성을 다하는 지극하고 한결같은 마음이면 이루지 못할 복이 어디에 있겠는가?

한 걸음 더 나아가 우리 불가에서는 선종에서는 마음 청정한 것을 부처[心淸淨是佛]라 하고, 밝은 마음을 법[心光明是法]이라 하며, 어디에도 걸림이 없는 마음을 승[心無碍是僧]이라고 한다. 이렇게 맑고 밝고 걸림 없는 마음으로 살아가는 것이 진정

한 삼보공경이다.

그러므로 맑고 밝고 걸림없는 마음으로 부처님처럼 늘 깨어나고자 하고, 부처님의 가르침을 잘 새기면서 열심히 수행하고 불법을 널리 전파하며 살아가는 것이 복 중에서 가장 큰 복을 짓는 삶이라는 것을 꼭 기억해주기 바란다.

'부모에게 효도하면 복을 받는다'는 것은 어느 시대 할 것 없이 다 통하는 너무나 당연한 진리이다.

부모는 자식이 잘되기를 바라면서 갖은 뒷바라지를 하고, 자식이 병들게 되면 신약·한약 가리지 않고 온갖 약을 구해다가 병을 낫게 하려고 하는데, 자식들 중에는 부모가 감기 때문에 콜록콜록하면서 아파 누워 있어도 '나이 많은 사람에게 으레 있는 천식이나 노병老病'이라 하면서 약 한 첩 지어주려 하지 않는 이들이 더러 있다.

이래 가지고서야 어떻게 복을 받을 수 있겠는

가?

복은 먼 데서 구할 것이 아니다. '내 부모가 곧 부처님'이라 생각하고, 부모에 대해 깊은 효성을 가져야 한다. 효도를 하면 반드시 복이 온다. 그것도 크게 다가오는 법이다.

급사병인과 구제빈궁

어떠한 사람이든지 병든 이를 내 힘닿는 데까지 구완을 해주면 큰 복을 받게 된다.

❀

어느 날 죽림정사의 여러 승방을 살피던 부처님께서는 한 명의 병비구病比丘가 자신이 배설한 똥오줌 속에 누운 채 신음하고 있는 것을 보게 되었다.

부처님은 비구의 몸을 일으켜 옷을 벗기고 더러운 온몸을 깨끗이 닦아 주었다. 그리고 똥오줌이 묻은 옷을 빨아 말렸으며, 자리에 깔려 있던 낡은 풀들을 버리고 방을 깨끗이 청소한 다음, 새 풀을 뜯어다가 병비구를 그 위에 편안히 눕혀 주었다.

이와 같은 부처님의 간병에 병비구는 너무나 황송해 하며 감격의 눈물을 흘렸고, 부처님께서는 다른 비구들에게 설하셨다.

"병든 비구를 보거든 나를 돌보듯이 하라. 병든 자를 보살핌은 곧 나를 보살피는 것이다. 이 세상의 모든 보시 가운데 이보다 더 나은 보시가 없나니, 병든 이에 대한 간병은 큰 복덕을 이루고 큰 과보를 얻어, 영광이 두루하고 감로의 법미法味를 이룩하게 되느니라."

§

"병든 자를 나를 돌보듯이 하라. 병든 자를 보살핌은 곧 나를 보살핌이다."

이것이 부처님의 마음이요, 부처님의 자비심이다. 병자를 대하는 것이 역겹고 힘들더라도, 인연 따라 자비심을 발하고 자비행을 실천하면 무한 복덕을 이룰 수 있게 되고, 그 복덕이 감로의 법미, 곧 불멸의 진리를 체득하는 밑거름이 된다.

또 가난하고 궁한 사람을 힘이 닿는 데까지 도와주고 빈궁에서 구제해준다면 어찌 복을 받지 않겠는가. 그래서 예로부터 밥공양 등의 선행을 국가와 개인을 가릴 것 없이 널리 행하여 왔던 것이다. 특히 우리네 조상들 중에는 당대當代가 아니라 자손대대의 복락을 생각하며 복을 쌓는 이들이 있었다.

❀

안동의 하회마을에서는 영의정을 지낸 유성룡柳成龍(1542~1607)을 비롯한 훌륭한 분들이 많이 배출되었는데, 그 음덕은 유성룡의 7대 조부에서 비롯되었다고 한다.

7대 조부 되는 분은 고개마루턱 갈림길에 집을 지어놓고, 고개를 넘나드는 이들 중 배고픈 이에게는 밥을 주고, 옷이 낡은 이에게는 옷을 주고, 짚신이 떨어진 이에게는 짚신을 주고, 노자가 없는 이에게는 노자를 주기를 30여 년 동안이나 하였다.

그런데 그에게는 한 가지 소원이 있었다. 그가 사는 마을에 넓은 벌판이 있었는데, 그 벌판이 꽉 차도록 자손들이 번성해졌으면 하는 것이었다.

7대 조부는 이러한 원을 품고 30여 년 동안 많은 덕을 베풀었고, 마침내 복이 가득 쌓여 그 복력福力으로 원을 성취하였을 뿐 아니라, 유성룡과 같은 훌륭한 백의정승白衣政丞까지 배출하게 된 것이다.

§

모름지기 복을 잘 지으면 나만 행복해지는 것이 아니다. 자식은 물론이요 후손들까지 모두 복을 받을 뿐 아니라, 두고두고 영광된 일이 찾아들기 마련이다. 그러므로 힘닿는 데까지 남을 구제하는 좋은 일을 하면서 복을 쌓아야 한다.

그리고 집안이 가난하여 하고 싶은 공부를 하지 못하는 젊은이들에게 장학금을 주는 것은 참으로 보람된 구제빈곤 복전법이라 해야 할 것이다.

복의 힘이 으뜸이다

일찍이 부처님께서는 말씀하셨다.

"실로 이 세상의 복 있는 사람 중에 나보다 더한 이
는 없다. 그러나 나는 복 짓는 일에 대해서는 만족을
모르느니라.

이 세상의 힘 중에는 복의 힘[福力]이 으뜸이요, 복
의 힘이 커야 대도大道를 잘 이룰 수가 있다. 그러므
로 모든 불자들은 마땅히 복을 짓고 쌓아야 한다."

우리는 이 부처님의 말씀을 가슴에 담고 열심히
복을 닦아야 한다.

부처님께서 천명하셨듯이, 세상의 힘 중에는 복
의 힘이 으뜸이요, 복 있는 자는 누구도 당해내지
못한다. 더욱이 부처님께서는 복의 힘이 커야 대도
를 이룰 수 있다고 하셨다. 복력福力이 차지 않으
면 대도를 이룰 수 없다는 말씀이다.

그런데도 복 닦는 일은 도 닦는 일이 아니라고

주장하는 이들이 있다. 어찌 삼보공경·효양부모·급사병인·구제빈궁 등을 실천하면서 복을 짓는 일이 도를 닦는 일과 별개이겠는가?

'복력福力은 곧 도력道力'이다. 복이 있어야 도를 이룰 수 있다. 복이 쌓이면 쌓일수록 빨리 도를 이룰 수가 있다.

부처님의 가르침과 원리가 이러하거늘 어찌 도와 복을 따로 놓고 볼 것이며, 어찌 박복한 우리가 복을 닦지 않을 것인가? 복 닦기를 게을리해서는 아니 된다. 쉼 없이 복을 닦고 쌓아가야 한다.

대자대비한 부처님께서는 닦고 쌓은 복덕에 대해 어떠한 집착도 없다. 어떠한 중생을 위해 어떻게 베풀어 준다는 생각 없이, 인연 따라 한결같이 베풀어 주신다. 마치 태양처럼 평등하게 베풀어 주시는 것이다.

부처님의 아들딸인 우리 불자들도 어떠한 집착이나 대가 없이 꾸준히 받들고 베풀고 실천하여 복덕을 쌓아가야 한다.

그리고 필경에는 스스로가 지은 복덕을 최상의 깨달음과 중생에게로 회향廻向 해야 한다.

만약 쌓은 복덕에 대한 집착을 버리고 나와 남이 모두 함께 성불하는 자타일시성불도自他一時成佛道 에 회향하게 되면 스스로를 무량한 공덕의 보물창 고[無量功德藏]로 만들 수 있게 되고, 일체중생을 복되게 할 수가 있다.

이를 꼭 기억하여 깊은 자비심으로 한결같이 복 을 닦고 대도를 이루는 부처님의 참된 아들딸이 되기 바란다.

水窮山盡疑無路   수궁산진의무로
柳綠花紅又一村   유록화홍우일촌
물 다하고 산이 다해 길 없는가 의심했더니
버들 푸르고 꽃이 붉은 또 한 마을이 있네

"할[喝]"하시고 법좌에서 내려오시다.

Ⅱ

성공을 위한 도담

아리랑我離郎 고개

[법좌에 올라 주장자로 법상을 한 번 치고 대중을 둘러본 다음 이르셨다]

소아망상인은 큰 성공을 못 한다

누구든지 성공을 하려면 소아小我의 고개를 넘어서야 한다. 나의 고개, 곧 소아망상小我妄想에 빠져서 살면 성공도 큰 복도 절대로 나와 함께 하지 않는다.

'나'·'나' 하며 소리치고, '나'·'나'에 빠져 사는 소아망상에서 벗어나 무아無我의 경지에 들어가야 큰 성공과 큰 복이 나와 함께 하게 된다.

이 넘어서야 할 '나'의 고개, 이 무아의 고개를

'아리랑我離郞 고개'라고 하는데, 우리 몸 중에서는 목구멍이 바로 아리랑 고개이다.

사람들의 눈을 가리고 음식을 먹여보라. 입에다가 이런저런 떡을 넣어주면 금방 맛을 알고 '송편이다·시루떡이다'라고 한다. 짜고 단 것을 넣어주면 '간장이다·된장이다·설탕이다·꿀이다·조청이다·곶감이다' 하면서 바로바로 안다.

그러나 이렇게 잘 아는 음식이라도 입안에만 있으면 피도 되지 않고 살도 되지 않는다. 분별없는 경계인 목구멍을 넘어가야 피가 되고 살이 된다.

그런데 목구멍이라는 고개를 넘어가면 '시루떡·꿀·곶감' 등 음식의 이름들이 모두 사라지고, 짠맛·단맛·신맛 등도 다 사라진다. 모든 이름과 맛이 다 사라진 이것이 바로 무아의 경지요, 그래서 목구멍을 아리랑 고개라고 하는 것이다.

자식을 기르든, 사업을 하든, 수행자가 되었든, 예술·과학·인문학에 종사를 하든, 우리가 '나'라고 하는 소아망상小我妄想의 아리랑 고개를 넘어 무아의 경지에 들어가야 능히 익어질 수 있고 크게 성공을 할 수 있다. 무아의 경지, 무분별의 경계에 들어가 혼신의 힘을 다해야 한 가지를 크게 이룰 수가 있다.

❁

옛날 마산에 이장춘李長春이라는 봇짐장수가 있었다. 짐을 지고 큰 고개를 올라가게 되면 보통 힘이 드는 것이 아니다. 그는 중간중간에 지게를 작대기로 받쳐놓고 쉬면서 스스로를 향해 소리쳤다.

"장춘아, 네가 지금은 땀을 흘리고 있지만, 이 고개 마루턱만 올라서면 시원한 바람이 네 겨드랑이 밑을 지나갈 것이다. 그러니 힘이 들더라도 용기를 내어 참고 올라가자."

마침내 고개 위에 올라 시원한 바람이 불어오면 또 다짐을 하였다.

"장춘아, 너도 돈을 벌면 이렇게 시원하고 좋은 때

가 올 것이다. 고생이라 생각 말고 열심히 해라."

이렇게 스스로에게 용기를 북돋우면서, 피와 땀을 흘리는 힘든 과정을 극복하고 돈을 모아 큰 부자가 되었다.

§

이 이장춘처럼, 부자가 되고 예술·학문·종교·과학·사업 등의 모든 성취는, 정신을 집중하고 정성을 쏟고 피와 땀을 흘린 뒤에라야 이룰 수 있는 것이지, 나의 편안함·나의 기쁨·나의 행복만을 추구하는 소아망상에 빠져들어서는 절대로 성취를 할 수가 없다.

물론 일상의 삶 속에서도 근심걱정에 잠겨 살아서는 안 된다. 근심걱정에 잠겨 살게 되면 행복이나 성공이 오다가도 돌아서서 가버린다.

사람들이 이 세상에 태어나 천진난만하게 사는 어린 시절에는 아무 걱정이 없는데, 학교 가고 취직하고 시집 장가를 가는 등 경쟁 사회에 몸을 담

고부터 가슴 답답하고 머리 아프게 살아간다.

탐·진·치라는 삼독, 곧 탐욕과 분노와 어리석음에 사로잡혀 살기 때문에 자연히 성격이 급해지고 신경질이 자꾸만 늘어나고 엉뚱한 고집을 부리게 되는 것이다.

그렇다고 문제가 해결되는 것은 아니다. 꼼짝하지 못하고 그 상태에 빠져 오만 걱정을 하면서 산다.

그럼 어떻게 살아야 근심 걱정을 벗어나 멋들어지게 살 수가 있는가? 놓을 줄 알아야 한다. 비울 줄 알아야 한다. '암소 잡은 요량' 하면서 근심 걱정을 비우고 놓아 버릴 줄 알아야 한다.

'암소 잡은 요량!'이 무슨 뜻인 줄 알겠는가?

❀

구한말, 경주에 살았던 정만서鄭萬瑞(1836~1896)는 한양으로 가던 중에 노자가 떨어졌고, 이틀 가까이를 굶다시피 하다 보니 눈은 쑥 들어갔고 걸을 힘조

차 없었다.

그는 선비의 체면도 팽개치고 주막으로 들어가서, 소의 불알을 삶아 달아놓은 것을 보고는 '썰어달라'고 하여 술과 함께 배불리 먹었다.

그러나 돈이 없었던 정만서에게는 그다음이 문제였다. 술과 음식을 먹으러 오는 손님들로 자리가 차기 시작했지만, 값을 치를 수 없었으므로 자리를 뜰 수가 없었다. 마침내 참다못한 주모가 소리쳤다.

"여보시오, 이제 그만 회계를 대고 다른 손님들에게 자리를 양보하시오."

"주모, 사실은 나에게 돈이 없소."

"무어라? 돈도 없이 술과 안주를 먹었단 말이오? 어림없소. 빨리 회계를 대시오."

주모가 사납게 다그치자 정만서는 말하였다.

"주모, 암소 잡은 요량 하소. 암소 잡은 요량…"

불알이 없는 암소를 잡은 셈 치고 돈을 받지 말라는 것이었다. 마침내 실랑이가 길어지자 뒷방에 누워 있던 주모의 남편도 그 소리를 듣게 되었다.

'소의 불알을 먹고는 암소 잡은 요량 하라니? 세상에! 술장사 30년에 저런 놈은 처음일세.'

방에서 나온 남편이 눈알을 부라리며 그 자리에 뛰어들자, 정만서는 남편에게 인사를 나누자며 자기소개를 하였다. 그런데 그도 익히 들어 알고 있던 천하의 풍자꾼 '정만서'라고 하는 것이 아닌가. 도저히 술값을 받아낼 수 있는 상대가 아니라는 것을 알고 있었던 남편은 도리어 청하였다.

"고깃값 대신에 소리나 한번 해 보시오."

정만서는 노래를 부르고 춤을 추면서 온갖 장기를 다 풀어놓았다. 그러자 길을 가던 사람들이 모여들었고, 그 주막에 있던 술과 안주들이 모두 동이 나, 주막을 연 이래 최상의 매상을 올렸다고 한다.

§

가만히 돌이켜보라. 부모 태중에서 나올 때 영감을 업고 나왔나? 아내를 안고 나왔나? 자식들을 데리고 나왔나? 빈 몸 빈손으로 나왔는데, 그것들에 애착이 붙어서 놓으려 해도 놓을 수가 없다. 또 놓을 수 없으니 밤낮없이 걱정을 한다.

여러분도 사람과 물질에 걸려서 가슴이 답답하고 머리가 아프면 정만서의 '암소 잡은 요량'을 할 줄 알아야 한다. 애초 수소가 아니라, 불알이 없는 암소를 잡은 요량을 하면 한 생각 막혔던 것이 풀린다.

곧 한 생각 애착을 비우고 생생한 산 정신으로 사바세계를 무대로 삼아 연극 한바탕 멋지게 하라는 것이다. 그까짓 근심 걱정은 냄새나고 죽은 생각이다. 실패로 인한 근심걱정을 떨쳐버리고, 산 생각으로 불타의 정신에 합체해서 살아가야 한다.

24금과 보검을 얻고자 하면

또 한 가지, 성공을 하려면 잊지 말아야 할 것이 있다. 바로 정신을 잘 집중하고 정성을 쏟고 피땀을 흘려 '아리랑 고개'를 넘어야 한다는 것이다.

실로 우리가 크게 성공을 하고 늘 행복한 사람

이 되고자 하면, 스스로를 살아있는 정신으로 살아갈 수 있게끔 만들어야 한다. 늘 정성을 쏟으며 스스로를 단련하고 또 단련해야 하는 것이다.

광산에서 금광석을 캐면 그 속에는 금만 있는 것이 아니다. 은도 있고 동도 있고 철도 있고 아연도 있는데, 이 금광석을 제련하고 또 제련하여 이 잡된 광석들을 모두 빼버려야 24금金이 되고, 24금이 되어야 세계에 통용되는 보배가 되는 것이다.

보검寶劍도 철이 있다고 하여 그냥 만들어지는 것이 아니다. 철을 불에 달구고 두드리고 물에 집어넣기를 천번 만번 반복하여 쇠똥이 모두 빠져나가고 아무런 잡철이 나오지 않게 되어야 비로소 보검을 만들 수 있다. 또 물에 집어넣었다가 건져 낼 때의 온도가 덥지도 차지도 않아야 보검이 만들어진다고 한다.

우리의 마음에는 탐·진·치 삼독에서 비롯된 팔만 사천 가지 번뇌망상이 금에 잡철 붙어 있듯이 가득하다. 이러한 생각들이 우리의 성공을 막고 행복을 가로막는다. 그런데 스스로를 단련하여 잡철 등의 하찮은 마음이 쑥 빠져나가게 되면, 24금을 얻고 보배칼을 얻어 크게 성공을 할 수 있고 남을 지도할 수 있는 사람이 된다.

그러므로 소아인 '나'를 좇아가지 말아야 한다. 나의 편안함과 이기심과 번뇌망상을 좇아가지 말고, 스스로를 격려하고 인내하면서 보검을 만들고 24금을 만들어나가야 한다.

성공하는 방법, 행복해지는 방법은 늘 바르고 깨어있는 정신으로 정성을 다하며 살아가는 것이다. 따지고 분별하고 의심하지 말고, 스스로가 하는 일에 깊은 믿음을 가지고 정성껏 살아가면 모든 문제들은 차츰 사라진다.

그리고 아무리 어렵고 힘들게 느껴지는 일도 지

극한 마음으로 한결같이 이어가면 마침내는 소원
을 성취하고 결실을 이루게 되는 것이다.

누구나 참다운 성공을 바란다면 정성을 다하며
살아야 한다. 정성을 다하는 지극한 마음으로 아
리랑 고개를 넘어서야 한다. 이밖에는 특별한 방법
이 없다.

모름지기 마음을 모으고 정성을 다하면 24금을
이루고 진짜 보검을 완성시킬 수가 있다. 원성취와
큰 성공이 우리의 것이 되는 것이다.

성공은 신심과 인진忍進에서

믿음이 없는데 어찌 이룰까

누구든지 성공을 하고 행복을 이루려면 신심과 인내가 꼭 있어야 한다.

신심은 믿는 마음이며, 모든 것은 믿음에서 시작된다. 일을 하는데 믿음을 갖지 못한 채, 해볼까 말까 의심을 하고 결정을 하지 못하면 앞으로 나아갈 수가 없다.

일 뿐만이 아니라 친구를 사귀고 가정을 꾸리고 사람을 고용하여 일을 시키는 데도 믿음이 필요하다. 믿지 않고 의심하면 의심병 속에 빠져 마음이 모이지를 않고, 마음이 모이지 않으면 될 일도 꼬여 되지 않는다. 집중하여 몰아붙여도 될동말동인데, 믿음 없이 행하는데 어떻게 선근이 쌓이고 힘이 생기겠는가?

　믿음은 자상한 어머니처럼 모든 공덕을 키워준다. 따라서 바른 방법이나 부처님의 가르침을 정견正見으로 삼고 확고한 믿음으로 살게 되면 성공과 행복한 삶의 길이 저절로 확립되어, 모든 선善의 뿌리를 자라나게 하고 성공의 문을 활짝 열어준다.

　도 닦는 공부도 마찬가지요 기도도 마찬가지이다. '이 도를 닦으면 틀림없이 성취할 수 있다', '이 기도를 하면 반드시 소원을 이룰 수 있다'는 믿음을 가지고 나아가야 어려운 일들이 풀리고 열반의 위없는 길이 열리는 것이니, 의심의 그물을 끊고 한 걸음 쑥 들어서야 한다.

　한가지 예를 들겠다.

❀

　일본의 대산청만大山靑巒이라는 문학박사 집에 늙

은 하녀가 함께 있었는데, 묘하게도 병든 사람을 앞에 앉혀 놓고 몇 마디 중얼거리기만 하면 병이 낫는 것이었다. 미신임에 분명한데 병이 완쾌되는 것이 너무나 신기하였던 박사는 어느 날 그녀를 불러 물었다.

"당신이 외우는 주문이 무엇이오?"

"'오무기 고무기 이소고고'를 외웁니다."

듣고 보니 더욱 이상했다. 오무기는 보리요 고무기는 밀, 이소고고는 두되 다섯 홉이라는 뜻이다.

'보리 밀 두되 다섯 홉이라는 말에 병이 나을 까닭이 없는데 … ?'

가만히 생각해보니 그 구절은 『금강경』에 나오는 '응무소주이생기심應無所住而生其心'인 것 같았다. "응당 머무름 없이 그 마음을 낸다"는 응무소주이생기심을 일본 발음으로 하면 '오무소주 이소고싱'이다. 그런데 그녀는 '오무소주 이소고싱'을 잘못 알아듣고 '오무기 고무기 이소고고'라는 비슷한 음으로 늘 외워왔던 것이다.

"그 발음은 잘못되었으니 앞으로는 '오무소주 이소고싱'이라 하시오."

평소 존경하던 주인인 박사의 가르침을 받아들여 그녀는 환자가 올 때마다 열심히 외웠다.

"오무소주 이소고싱, 오무소주 이소고싱…."

하지만 그 진짜 게송으로는 어떠한 사람의 병도 낫게 할 수가 없었다. 그녀는 다시 보리 밀 두되 다섯 홉이라는 뜻의 '오무기 고무기 이소고고'를 외웠다. 그러자 이전과 같이 사람들의 병이 낫는 것이었다.

§

엉터리 주문으로는 병이 낫고 진짜 주문을 외우면 낫지 않는 까닭이 무엇일까? 그 이유는 간단하다. 박사가 가르쳐준 것이 올바른 것이기는 하지만 많이 외우지도 않았고, 또 '이렇게 외우면 병이 나을까?', '이것이 옳은가 그른가?' 하는 의심이 있는 반면, 오랫동안 외워왔던 엉터리 주문에 대해서는 확신이 가득하였기 때문이다.

이것이 바로 마음의 조화요 위력이다. 따지고 분

별하고 의심하기보다는, 깊은 믿음 속에서 살아가
면 문제는 차츰 사라진다. 아무리 어렵고 힘들게
느껴지는 일도 스스로를 믿고 한결같이 이어가면
반드시 결실을 이룰 수 있게 되는 것이다.

믿음은 우리에게 큰 용기를 준다. 믿음이 있으면
두려움과 불안감 없는 편안한 삶을 영위할 수 있
고, 위기를 능히 대처할 수 있는 힘이 솟아난다.

만복과 대지혜를 모두 갖춘 부처님이 무엇이 답
답하여 우리를 속이겠는가?

부처님과 스스로를 믿고 인생을 흔들림 없이 잘
살고자 하고, 기도를 잘하고자 하고, 일을 잘 이
루고자 하면 무엇보다 먼저 믿음을 정립해야 한
다. 믿음이야말로 성공의 문을 여는 첫 단계이기
때문이다.

인내와 정진

믿음과 함께 성공에 꼭 필요한 것은 인진忍進이다.

인진忍進은 인욕과 정진의 줄인 말로, 도를 이루거나 세속의 성공을 위해서는 그 어떠한 것보다 이 인진을 많이 많이 하여야 한다.

우리의 일상생활에는 견디기 어려운 고통들이 많다. 눈·귀·코·혀·몸·뜻 등의 육근六根에 부딪히는 것들에 대해 좋고 나쁜 갖가지 감정이 생겨나게 되는데, 그 좋고 나쁜 감정대로 살아갈 수 없기 때문이다.

그러므로 좋은 것에 대해서도 푹 빠져들지 말고 참을 줄 알아야 하며, 싫은 것에 대해서도 인내하고 받아들일 줄 알아야 한다.

뿐만이 아니다. 세상 사람들은 대부분 성질이 급하고 고집이 세고 신경질이 많다. 이 급함과 고집과 신경질은 나에게도 있다. 이것부터 참아야 한다. 또 급하고 고집 세고 신경질 많은 사람들을 상대하면서 살려면 여간 힘이 들지 않는다. 그러므로 참아야 한다.

❀

한漢나라 때의 명장 한신韓信은 천하를 바로 잡을 뜻이 있었으나, 몹시 가난하여 매일같이 회음성淮陰城 밖 냇가에서 낚시질을 하며 소일하였다.

그 냇가에서 몇 사람의 노파가 매일 빨래를 하였는데, 그중 한 노파가 한신을 불쌍히 여겨 하루도 빠짐없이 밥을 주었다. 이에 크게 감격한 한신은 인사를 하였다.

"언젠가는 이 은혜에 꼭 보답하겠습니다."

그러자 노파가 핀잔을 주었다.

"육신이 멀쩡한 녀석이 제 입 하나 해결하지 못하는 것이 하도 불쌍하게 보여 밥 몇 끼 주어본 거야. 뭐? 은혜에 보답한다고? 그따위 소리는 할 것도 없다."

또 회음성 안의 백정 패거리 중에 한신을 업신여기고 있었던 녀석이 하루는 시비를 걸어왔다.

"이봐, 덩치 큰 친구! 꼴은 제법인데 배짱은 빈 껍데기겠지?"

한신은 가만히 있었고, 구경꾼들이 모여들자 그는 더욱 기가 살아서 소리쳤다.

"이 쓸모없는 놈. 내 가랑이 밑으로 기어나가라."

한신은 물끄러미 바라보고 있다가 그 백정의 가랑이 밑으로 기어 들어갔고, 이를 본 구경꾼들 모두는 한신을 '바보 천치'라고 불렀다.

한신은 그 뒤에 한나라 유방劉邦을 도와 천하를 평정하고 제왕이 된 다음, 회음성으로 가서 표모를 찾아 천금千金의 상을 내렸다. 그리고 모욕을 준 백정도 불러서 말하였다.

"그대가 나를 가랑이 밑으로 기어가게 하면서 망신을 준 것을 능히 참아가며 공부를 잘하였기 때문에 오늘의 내가 있게 되었습니다. 고맙소이다."

한신과 같은 인욕이라면, 그리고 그와 같은 모독을 향상의 계기로 삼을 수 있다면 어찌 성공하지 못하겠는가.

사바세계는 고苦와 낙樂이 상반되는 세계이다. 그러므로 참아야 할 것이 많다. 무슨 일을 하든 목표를 이루고 성공을 하려면 꼭 참을 줄 알아야 한다. 그러면서 용기를 내어 앞으로 나아가는 힘, 곧 정진력이 있어야 한다.

정진은 물이 나아가듯이 하면 된다. 물은 한결같이 흐르다가 어려운 굽이나 돌과 나무 등의 장애물에 부딪힐 때 더욱더 용기를 내고 소리를 지르며 허공으로 솟구쳐 오른다.

그리고 기다릴 줄 알아야 한다. 물이 흘러가다가 큰 웅덩이를 만나면 물이 가득 찰 때까지 기다렸다가 그 웅덩이를 벗어나듯이.

아무런 용맹도 없어 보이는 물이 장애를 만나면 용기를 더 내고 기다릴 줄 아는 것과 같이, 우리 또한 어려운 일을 만날 때 조급증을 내지 않고 더 용기를 내어 정진해야 한다.

'나는 불법을 믿는 대장부다. 사람이 할 수 있는 일은 무엇이라도, 어떠한 큰일이라도 해낼 수 있다.' 이렇게 다짐하면서 용기를 불러일으켜 정진해야 한다.

망상조심 · 말조심

그리고 성공을 하려면 조심해야 할 것이 두 가지 더 있다. 망상과 말조심이다.

사람들은 참으로 망상을 많이 한다. 인생이 괴롭다고 하는데, 대부분은 쓸데없는 망상 때문에 괴롭다. 이 허망하고 덧없는 생각을 잘 다스리면 절대로 나쁜 일이 커지지 않는다.

모든 일이 순조롭게 잘 되는 것은 '내가 어떻게 생각하느냐, 용심用心을 어떻게 하느냐'에 달려 있고, 일이 잘 안 되는 것도 '내가 어떤 생각 속에 빠져 있느냐'에 달려 있다.

만약 나쁜 생각이 떠올라 그놈이 하자는 대로 따라다니게 되면, 출발점부터 어긋난 일이라 헛된 힘만 들고, 끝내 그 망상이 나를 해치게 된다.

❁

예전에 글만 읽던 선비가 논에 나갔더니, 논둑에 구멍이 뚫려서 물이 새어 나오고 있었다. 선비는 흙을 가지고 물이 나오는 쪽을 막았다. 그러나 아무리 바깥쪽을 막아도 계속 물이 새어 나오는 것이었다. 선비는 급히 집으로 돌아가 머슴에게 말하였다.

"일꾼 몇 명을 얻어서 논둑을 막으러 가자."

아침나절에 본 논둑이 완전히 무너졌을 까닭이 없었기 때문에, 머슴은 '논에부터 다시 가보자'고 하였고, 가보니 물이 겨우 졸졸 새는 것을 가지고 야단을 한 것이었다.

"도대체 어떻게 막았습니까?"

"논둑 바깥쪽을 막았는데, 아무리 막고 또 막아도 새더라."

머슴이 흙 한 삽을 떠서 안쪽으로 막자 새던 물이 금방 멈추었다. 머슴은 선비에게 청하였다.

"지금 이 상황을 한 글귀로 지어 보십시오."

"방기원防其源."

§

방기원은 '그 근원을 막아라'는 뜻이다. 망상이 날 때 어떻게 해야 하는가?

근원을 막아야 한다. '아, 망상이 일어났구나!'하고 깨달아서 곧바로 망상을 잘라 버려야 한다. 그리고 진실되고 바른 생각으로 임해야 한다.

반대로 망상을 방치하여 계속 끌려가고 망상 따라 살게 되면 마음의 평안은 물론이요 성공은 멀리멀리 떠나가고 마는 것이다.

그리고 누구든 성공을 하고 마음의 평안을 잃지 않기 위해서는 늘 말조심을 해야 한다.

사람들은 몸과 입과 생각 중 입으로 죄악을 가장 많이 짓는다. 거짓말을 하고[妄語], 비단 같은 말로 아첨 하고[綺語], 이 사람 저 사람을 찾아다니며 이간질을 붙이고[兩舌], 흉악한 욕을 내뱉거나 악한 말로 남을 헐뜯는 것[惡口] 등이 불화와 시비의 원인이 된다.

그러므로 생활 주변에서 가장 큰 비중을 차지하고 있는 언어부터 순화시켜야 한다. 말조심을 하여 서로서로 존경하고 신뢰하는 풍토를 만들어야 하는 것이다.

쓸데없는 말은 어떠한 경우에도 유익하지 않다. 입은 열어야 할 때 열어야 한다. 입을 벌려 밥을 먹을 때에도 시끄럽게 떠들거나 남의 장단점을 쓸데없이 들추어내면 못 쓰는 법이다. 꼭 필요한 말만 하도록 습관을 길러야 한다.

나아가 서로를 살리고 감싸주는 부드러운 말 한마디, 희망과 용기와 기쁨을 주는 말, 상대방을 칭찬하고 존중하고 기를 살려 주는 말, 화합을 시키고 진실을 나누는 말들은 적극적으로 해야 한다.

이렇게 인내와 정진과 망상조심·말조심을 하며 나아갈 때, 과연 그 결과는 어떠한 것이겠는가? 해탈과 성공과 평화와 행복이 나와 함께할 수밖에 없다.

靈鷲山深雲影冷　　영축산심운영랭
洛東江闊水光淸　　낙동강활수광청
영축산이 깊으니 구름 그림자가 차고
낙동강 물이 넓으니 물빛이 푸르도다

"할喝"〔하고 법좌에서 내려오시다〕

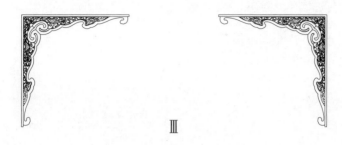

Ⅲ

불자의 진실된 삶

진심으로 살자

[법좌에 올라 주장자로 법상을 세 번 치고 이르셨다]

雲收靈鷲千尋碧　운수영축천심벽
水到洛東萬里深　수도낙동만리심
구름 개이니 영축산이 온통 푸르고
물이 낙동강에 이르니 만 리나 깊도다

이 게송 속에 팔만대장경의 대의大意가 다 들어
있지만, 이 도리는 말이나 글로써 다 표현하거나
해석하지 못한다. 공부를 하여야만 능히 이 도리
를 알 수가 있다.

소나무의 송진을 긁어서 녹이면 자배와 송진이
한데 범벅이 되고, 찬물에 부어도 한데 범벅이 된

다. 그런데 이것을 세 번만 끓이면 송진은 송진대로 돌고 자배는 자배대로 돌아서 한데 뒤섞이지 않게 되고, 찬물에 부어도 송진은 송진대로 돌고 자배는 자배대로 돈다.

사람 마음속에도 진심眞心과 망상妄想이 한데 섞여 있지만, 공부를 해 나가다보면 망상이 진심 속에 들어가려고 해도 들어갈 수 없게 되는 도리가 있다.

그러므로 망상이 많을 수밖에 없는 속가에 있을 지라도, 꾸준히 마음을 닦게 되면 망상이 들어오려고 해도 들어오지 못하게 된다. 참된 마음이 가득하기 때문에 망상이 견뎌 낼 수가 없는 것이다.

돈도 마찬가지이다.

깨끗한 마음으로 돈을 벌어서 자식에게 주어야 탈이 없지, 하찮은 마음으로 남을 속이고 거짓말을 하고 도둑질을 해서 번 돈을 자식에게 전하면 마치 콜레라균을 돈에 묻혀 주는 것과 같아서, 사람 죽이고 집안을 망친 다음에 그 돈이 나가게 된다.

살면서 조금이라도 나쁜 생각이나 망상 덩어리가 섞여지면 그릇된 결과를 초래하게 된다. 그러므로 망상이나 나쁜 생각을 좇아가지 말고 진심으로 살아야 한다.

음악·미술·철학·과학 등의 예술과 학문도 진심을 바쳐야 성공을 하고, 장사하는 사람도 진심을 기울이고 생명을 달고 해야 돈을 벌고 성공을 하는 법이다. 하물며 마음공부를 하여 대도를 이루고자 하는 이라면 어떻게 해야 하겠는가? 그야말로 목숨을 내어놓고 죽기 살기로 해야 하는 것이다.

그런데 요즘 보면 진심으로 살고 진심으로 불교를 믿기보다는 요행을 바라면서 불교를 믿는 사람이 너무 많은 듯하여 심히 염려스럽다.

진심을 기울이는 불교를 떠난, 미신적인 것은 믿

지 말아야 한다. 또 미신적인 것에 빠져 마음대로
요량해서도 안 된다.

❀

옛날 한 거지가 어느 집 대문 앞에서 말하였다.
"밥 좀 주십시오."
"요량한다."
주인이 이렇게 대답하자 거지는 밥을 줄 요량을 하
는 줄 알고 기다렸다. 그러나 한참이 지나도 밥을 주
지 않기에 물었다.
"요량한다고 하더니 왜 밥을 안 줍니까?"
"나는 밥을 줄 요량을 한 것이 아니라 안 줄 요량
을 했다."
거지가 헛요량을 한 것이다.

❀

우리도 살면서 헛요량을 하지 말아야 한다. 헛
요량에 빠져 기다리기보다는 내가 해야 할 일을
차근차근 하면서 살아야 한다. 나에게는 부산·서

울·대구·대전·광주 등 각처의 사람들이 많이 찾아오는데, 법을 묻는 사람은 적고 세상 잡사에 대해 많이 묻는다.

"무슨 장사를 하면 돈을 벌겠습니까?"

"딸 아이 시집은 언제 보내면 좋을까요?"

"우리 아들이 올해 취직이 되겠습니까?"

물론 걱정이 되고 답답해서 하는 질문이겠지만, 절에 와서는 이런 것을 자꾸 물어서는 안 된다.

이런 질문을 받을 때 부산 사람에게는 '영도다리 밑에 가서 물어보라' 하고, 대구 사람에게는 '달성공원 앞에 가서 물어보라' 하고, 서울 사람에게는 '남산 밑에 가서 물어보라'고 한다(스님 생존 시에 점집이 많았던 곳).

"그곳에 가면 그런 것을 봐주는 사람이 있으니 찾아가거라. 나는 그런 것 모른다."

절을 찾았으면 기도하고 법문을 들으면서 지혜

를 밝히고 바른 마음을 가지고자 해야 한다. 이렇게만 하면 돈을 잘 벌 수 있고, 자식들도 잘되고 가정도 평안해지기 마련이다. 미신에 혹하지 않고 근심걱정에 빠져들지 않고 요행을 바람이 없이, 진리에 입각하여 마음을 바르게 잘 쓰면 만복이 저절로 깃들기 마련인 것이다.

집착 없이 명랑하게

집착하면 괴롭다

이 세상을 살면서 사람들은 '머리 아프다' 하고, 가슴 답답해하는 경우가 많다. 무엇 때문에 머리 아프고 가슴 답답해하며 사는가? 사람 아니면 물질, 물질 아니면 사람에 대한 집착을 놓지 못하기 때문이다.

참으로 걱정 없이 편안하게 살고 싶은가? 그렇다면 사람과 물질에 대한 집착을 놓아버려야 한다.

내가 아는 마산의 하처사는 아들 넷을 두었는데, 일제강점기에 모두 일본에 있는 대학으로 유학을 보내 졸업을 시켰다.

돈이 부족할 때도 다음 달 하숙비는 그 전달 말일 이전에 찾을 수 있도록 보내는 등 지극정성으로 뒷바라지를 하였으나, 졸업을 하고 나자 어느 아들도 그를 모시려고 하지 않았다.

'내가 어떻게 키웠는데 이놈들이!'

하처사는 아들들이 너무도 괘씸했다. 그리고 용서가 되지 않았다. 마침내 하처사는 몸져눕게 되었다. 그러던 어느 날, 하처사 집 처마 밑에 집을 짓고 새끼를 치는 제비들을 보게 되었다.

어미 제비는 새끼들이 어느 정도 자랄 때까지 부지런히 먹을 것을 물어다가 날랐고, 새끼들도 열심히 받아먹었다. 그런데 새끼들이 자라 스스로 날 수 있게 되자, 조금도 지체하지 않고 어미가 새끼들을 떠나보내는 것이었다.

"아, 제비도 저렇게 새끼들을 떠나보내는데, 만물의 영장인 인간의 몸으로 태어난 내가 자식들에게 집착하여 끙끙대고 있다니…. 할 도리를 다했으면 그만이다! 집착을 놓자."

그리고는 아들들에 대해 가슴에 맺혔던 것을 훨훨 풀어버렸고, 깊던 병도 곧 낫게 되었다.

§

고양이를 키워 본 사람도 이러한 무집착을 경험 했을 것이다.

어미 고양이가 처음 새끼를 키울 때는 젖을 부지 런히 주고, 조금 자라면 밤잠 안 자고 말랑말랑한 새끼 쥐 등을 잡아다가 먹인다. 조그마한 새끼들 을 깊숙한 데다 숨겨 놓고는, 낯선 사람이 어른거 리면 새끼와 함께 피하고 달아나곤 한다.

그러다가 새끼들이 커서 혼자 다닐 때쯤 되면 어 미 고양이는 새끼들에게 애정을 주지 않는다. 새끼 고양이가 옆에 오기만 하여도 '앵'하고 쫓으면서 정을 끊어버린다. 우리도 고양이의 정 끊는 것을 배워야 한다.

가족이라 하여 애착을 자꾸 키우게 되면, 죽어서 남편은 아내를 찾아다니고 아내는 남편을 찾아다

닌다. 또 자식에 대한 집착을 놓지 못하면 죽어서
도 자식 곁을 떠나지 못하게 되고 만다.

그렇게 갈 곳을 못 가고 가족 곁에 머물게 되면
무엇이 되는가? 바로 귀신이 되고 마는 것이다.

물질이나 일에 대한 집착도 마찬가지다. 죽어서
까지 그 물질이나 일을 놓아버리지 못한다.

🌸

내가 아는 사람 중 김대월이라는 이가 있었다. 어
느 날 나이가 많고 공부를 많이 한 유학자가 세상을
떠나자, 김대월은 그분의 갓과 두루마기를 가져다가
사용하였다. 그런데 죽은 지 몇 년이 지났을 때 김대
월의 꿈에 그 유학자가 나타났다.

"네가 이전에 가져간 갓과 두루마기를 돌려다오."

"어르신, 당신께서는 몇 년 전에 돌아가셨고 화장
까지 했는데, 지금 그 갓과 두루마기를 달라고 하니
어디에 쓸려고 그럽니까?"

"뭐라고? 내가 죽었다고?"

"예, 3년 전에 돌아가시지 않았습니까?"

그러자 그 유학자는 허둥지둥 정신없이 떠나가는 것이었다.

김대월은 그 꿈을 꾼 다음부터 머리가 계속 아팠다. '안 되겠다' 싶어 갓과 두루마기를 불에 태워버리자, 한순간에 머리 아픈 것이 나았다고 한다.

❁

어느 목수가 죽은 다음, '할 일이 없는가' 하면서 일거리를 찾아다녔다. 하지만 귀신이 할 수 있는 일거리가 어디에 있겠는가. 그래서 꿈에 아내를 찾아와 한탄을 하면서 하소연을 하더란다.

"여보, 내가 일을 해야 하는데 아무리 찾아다녀도 일거리가 없소. 어떡해야 하지?"

☙

이처럼 집착과 애착은 무서운 것이다. 물질이나 일에 집착이 붙으면 죽어서 갈 데도 못 가고 주위 사람들까지 괴롭히게 된다.

그러므로 베푼 다음에는 '내가 누구에게 무엇을 주었다'는 생각을 모두 놓아버리는 무주상보시無住相布施, 곧 머무름이 없는 보시의 정신으로 살아야 한다.

아무리 사랑스러운 자식이라도 때가 되면 놓아주어야 하고, 평생을 번 재산이나 애지중지하던 물건들, 일생 동안 종사해온 일이라 할지라도 마지막까지 집착해서는 아니 된다.

집착과 애착을 놓아버리면 무가애無罣碍라, 집착과 애착을 일찍 놓아버리면 일찍 놓아버릴수록 마음에 걸림이 빨리 없어지게 되고, 마음에 걸림이 없으면 무유공포無有恐怖, 곧 두려움이 없어져서 한없이 자유롭고 평화롭게 살 수 있게 되는 것이다.

명랑하고 낙천적으로

한 가지 더 새겨야 할 점은 어떤 상황에서든 명
랑明朗함을 잃지 말라는 것이다.

사람이 사노라면 잘 되는 일도 있고 뜻대로 되지
않는 일도 있다. 일이 잘 되지 않으면 비관을 하고
근심걱정에 잠기기 마련인데, 슬픔과 우울함에 빠
져들면 내 몸과 마음만 해롭게 할 뿐이다.

비관적인 생각을 많이 한다고 하여 일이 잘되는
것이 아니다. 오히려 일이 잘 되지 않을 때일수록
마음을 명랑하게 갖고, 쾌활하면서도 낙천적인 생
각으로 살아가야 한다.

"세상일은 될 만큼 된다고 하지 않았던가. 아직 인
연이 성숙하지 않아 지금은 어렵지만, 이 어려움을 잘
넘기고 나면 틀림없이 좋은 시절이 오게끔 되어 있다.
힘을 내자."

이렇게 스스로를 격려하며 밝고 명랑한 마음을

지녀야 한다.

나를 찾아오는 사람 중에 사업을 하다가 부도가
나서 돈을 못 갚고 망한 이들이 더러 있다. 그들의
얼굴을 살펴보면 하나같이 수심이 가득하다. 물어
보면 백발백중이다. '망했다'고 한다.

그런데 실패를 한 사람이 수심에 찬 얼굴로 주변
사람들에게 도움을 청하러 가면 아무도 돈을 빌려
주지 않는다. 얼굴에 근심걱정이 가득한 것이, 도
저히 재기할 수 있을 것처럼 느껴지지 않기 때문에
빌려주지 않는다는 것이다.

비록 실패를 했을지라도, '나는 이제 끝이다. 더
이상 할 힘이 없다'고 하면서 주저앉지 말아야 한
다.

오히려 '다시 일어설 수 있다'는 자신감을 품고,
명랑하고 쾌활하고 낙관적인 자세로 살아가면, 주
위에서도 긍정적으로 바라보게 되어 돈도 빌려주

고 힘도 실어주는 법이다. 절대로 명랑함과 낙천적인 마음가짐을 잃지 말기 바란다.

낙엽을 보라. 낙엽이 땅에 떨어져 있으면 사람도 밟고 개도 밟고 지나간다. 무슨 가치가 있는가? 하지만 그 낙엽도 비바람을 타고 하늘을 활기롭게 날 때가 있다.

쓸모없는 낙엽도 하늘을 훨훨 나는데, 만물 중에 가장 슬기로운 사람이 좀 실패했다고 해서 주저앉아 버려서야 되겠는가? 다시 정신을 가다듬고 힘을 내어야 한다.

사람과 물질에 대한 집착을 비우고, 낙천적이고 생생한 정신으로 임하면, '절후絶後에 갱생更生이라', 길이 끊어진 곳에서 다시 살아날 수 있게 되는 법이니, 근심 걱정하지 말고 명랑 쾌활하게 사바세계를 무대로 삼아 평화와 행복의 연극을 한바탕 멋있게 하기 바란다.

落葉方能生活氣　　　낙엽방릉생활기

滿天風雨碧空飛　　　만천풍우벽공비

낙엽이라도 아주 활기로워져서

바람과 비에 하늘 가득 훨훨 나른다

"할喝"〔하고 법좌에서 내려오시다〕

저자 원광 경봉圓光鏡峰 대선사

성해 화상을 은사로 출가, 해담스님을 계사로 구족계를 받고 전국 유명 선원에서 수행하다가, 1927년 통도사 극락선원에서 활연히 대오하였다. 이후 통도사 주지, 선학원 이사장 등을 역임하였으며, 1953년 통도사 극락호국선원 조실로 추대된 이후 열반의 그 날까지 30년을 극락암에 주석하시며 후학들을 지도하였으며, 현재 이 시대 최고의 도인으로 추앙받고 있다.

저서로는 『법해』·『속 법해』 외 다수가 있으며, 평생 동안 쓴 일기를 모은 『삼소굴 일지』 등이 있다.

엮은이 김현준

평생을 불교 수행과 포교와 연구에 몰두하였으며 현재 불교신행연구원 원장, 월간 「법공양」 발행인 및 편집인, 효림출판사와 새벽숲출판사의 주필 및 고문으로 활동하고 있다. 저서로는 경봉스님 일대기인 『바보가 되거라』·『생활 속의 반야심경』 등 40여 종이 있다.

신행과 포교를 위한 불서 (4×6판, 각 100쪽)

❀

바느질하는 부처님
김현준 편저 3,000원

부처님 일대기 중에서 자비롭고 향기로운 이야기 29편을 가려 뽑아서 엮은 책. 이 책을 읽다보면 인생을 지혜롭고 평화롭게 이끌어 주는 부처님의 가르침을 저절로 터득할 수 있게 된다.

생활 속의 기도법
일타스님 저 3,000원

평소의 생활 속에서 쉽게 행할 수 있는 기도법과 괴롭고 힘든 경우에 행하는 특별한 기도, 일과 수행의 시작 단계 및 더 큰 성취를 위한 기도 등에 대해 자세히 설하고 있다.

광명진언 기도법
일타스님 · 김현준 저 3,000원

영가천도에 대한 광명진언의 효과, 일상생활 속에서 광명진언을 외울 때 생겨나는 좋은 일, 이 진언 속의 깊은 가르침, 기도의 방법과 마음가짐, 광명진언 기도 영험담 등을 수록하고 있다.

행복과 성공을 위한 도담
경봉스님 저 3,000원

인생을 어떻게 살 것인가? 행복은 어디에 있고 누구에게 깃들며, 어떻게 할 때 성공하는가? 복 짓는 법등을 명쾌하고도 자상하게 설하고 있다.

보왕삼매론 풀이
김현준 저 3,000원

간절한 말로써 장애 극복의 방법을 역설적으로 일러주어, 인생의 걸림돌을 디딤돌로 바꾸어주고 지혜롭고 복된 삶을 살 수 있도록 이끌어주는 보왕삼매론을 매우 감동적으로 풀이한 책이다.

불자의 삶과 공부
우룡스님 저 3,000원

현재의 삶에 속고 살지는 않는가? 주인노릇은 잘하고 있는가? 어떠한 이가 참된 불자인가? 등을 되물으면서, 복된 삶을 향해 나아가는 불자가 어떠한 공부를 해야 하는지를 일깨워주고 있다.

불교예절입문
일타스님 저 3,000원

불교의 예절 속에는 깊은 상징성과 깨달음의 의미가 깃들어 있다. 이러한 관점에서, 합장법, 절하는 법, 사찰에서의 기본예절, 법문 듣는 법 등을 새롭게 정리하여 한 권의 책으로 엮었다.

경봉대선사의 법문집

뭐가 그리 바쁘노 / 김현준 엮음 4×6판 180쪽 5,000원
총 8장 73가지 일화를 담은 이 책 속에는 우리의 정신을 번쩍
깨어나게 하고 새로운 기운을 불러일으키는 일화들을 비롯하여,
스님께서 제자·시자·신도·수행승들과 함께한 일상생활 속의
참모습들이 생생하게 묘사하고 있습니다.

참 생명을 찾는 경봉스님 가르침 / 김현준 192쪽 6,500원
참 생명을 찾는 도와 공부, 인생의 실체, 부부사랑법·자녀교
육·화합법, 사바를 무대로 멋있게 사는 법 등을 설한 법문집.

도와 함께하는 행복과 성공 / 경봉스님 160쪽 5,500원
행복은 어디에 깃들며, 어떻게 할 때 성공하는가? 복 짓는 법과
성공에 있어 가장 필요한 것은 무엇인가?를 설한 책.(신국판)

바보가 되거라(경봉큰스님 일대기) / 김현준 220쪽 7,500원
이 책을 펼쳐면 지혜의 눈과 자비심으로 자유로운 삶을 일깨
웠던 이 시대 최고의 도인 경봉스님을 만날 수 있게 됩니다.

···

알기 쉬운 불교근본교리(국판)

불교란무엇인가 / 우룡스님 160쪽 5,500원
불교는 해탈의 종교, 해탈을 얻는 원리, 무엇이 부처인가, 소승
과 대승불교, 불자의 실천 등 핵심되는 가르침을 설한 책.

육바라밀 / 김현준 192쪽 6,500원
대승불교의 기본이 되는 보시·지계·인욕·정진·선정·반야
바라밀을 일상생활과 접목시켜 쉽고도 재미있게 서술한 책.

사성제와 팔정도 / 김현준 240쪽 8,000원
부처님께서 행복한 삶을 열어주기 위해 창안한 불교 핵심 교리
를 정말 알기 쉽고 자상하고 감동적으로 엮은 책.

삼법인·중도 / 김현준 160쪽 5,500원
제행무상·제법무아·열반적정의 삼법인과 중도의 의미, 중도
속의 수행과 삶 등에 대해 일목요연하게 정리한 책.

인연법 / 김현준 224쪽 8,000원
인연법을 삶·괴로움·진리·마음씨·희망·행복·기도성취
등의 다양한 측면과 연결시켜 삶을 윤택하게 만들어주는 책.

손안의 불서 ③
행복과 성공을 위한 도담

설한이 경봉대선사
엮은이 김현준
펴낸이 김연지
펴낸곳 효림출판사

초 판 1쇄 펴낸날 2022년   5월 10일
개정판 1쇄 펴낸날 2023년   2월 22일

등록일 1992년 1월 13일 (제2-1305호)
주 소 서울특별시 서초구 반포대로14길 30, 907호 (서초동, 센츄리 I)
전 화 02-582-6612, 587-6612
팩 스 02-586-9078
이메일 hyorim@nate.com

값 3,000원